Coloriage
D'animaux de ferme

Young Scholar

Young Scholar
An imprint of Ciparum LLC

Coloriage d'animaux de ferme
© 2017 Ciparum LLC
All rights reserved.
ISBN-10:1-63589-266-X
ISBN-13:978-1-63589-266-6

www.youngscholar.co

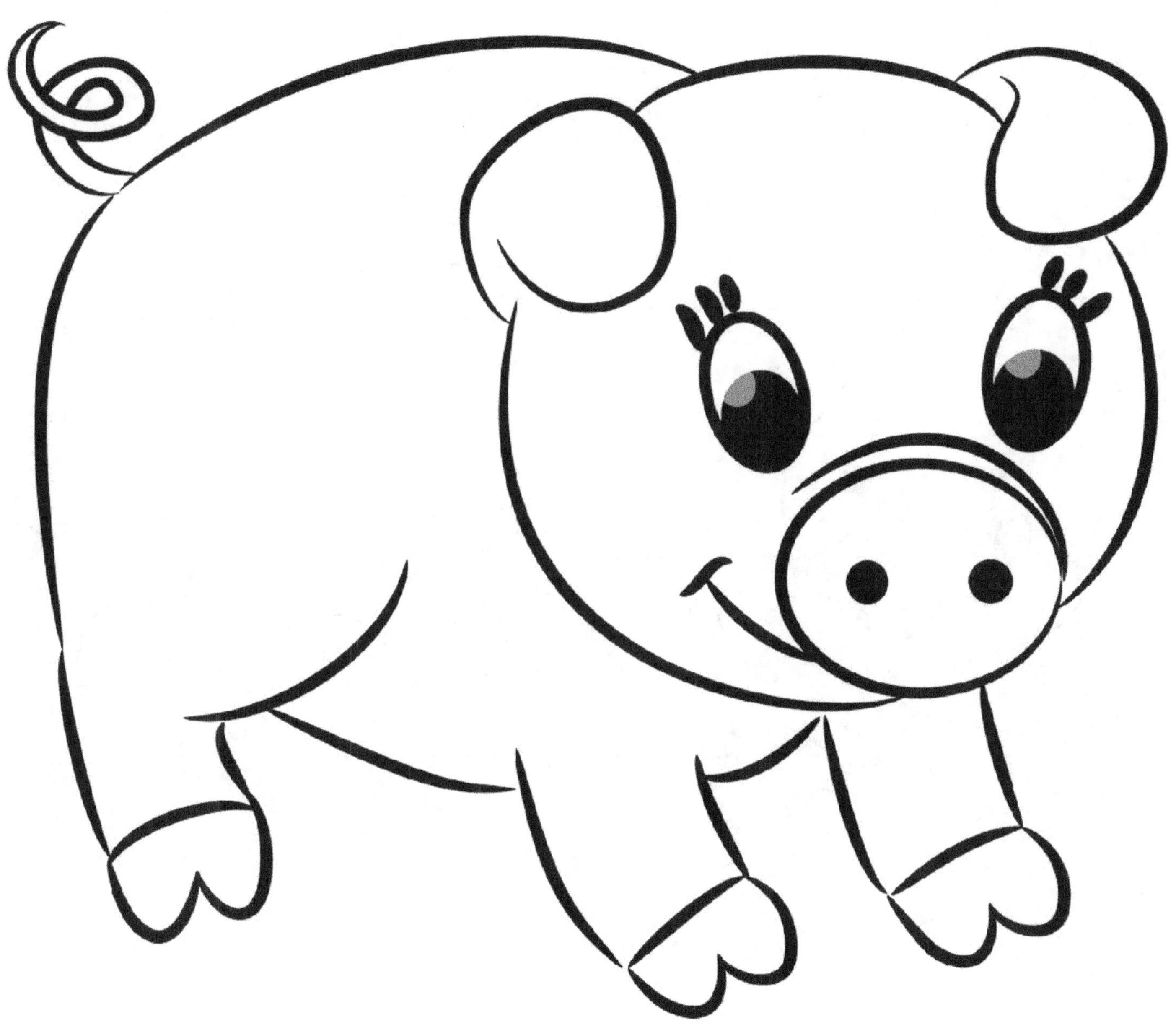

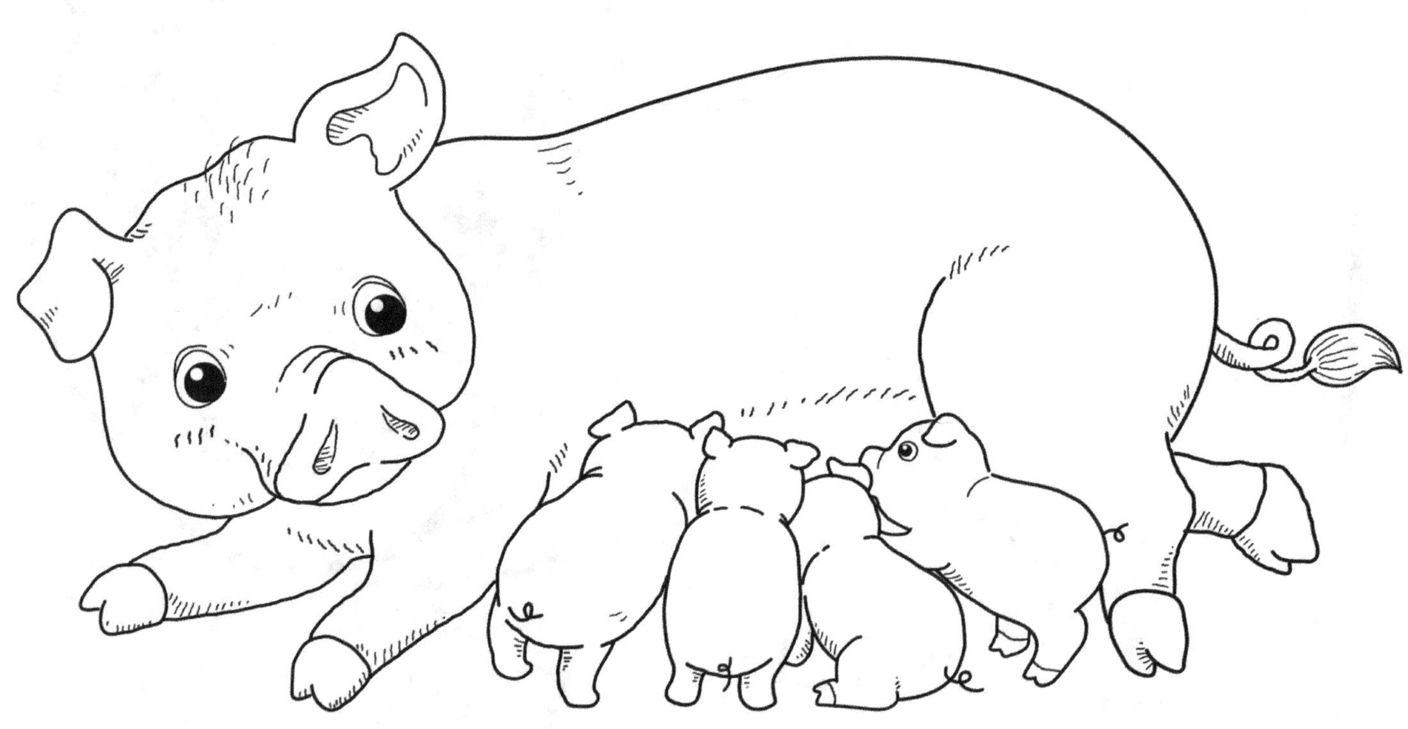

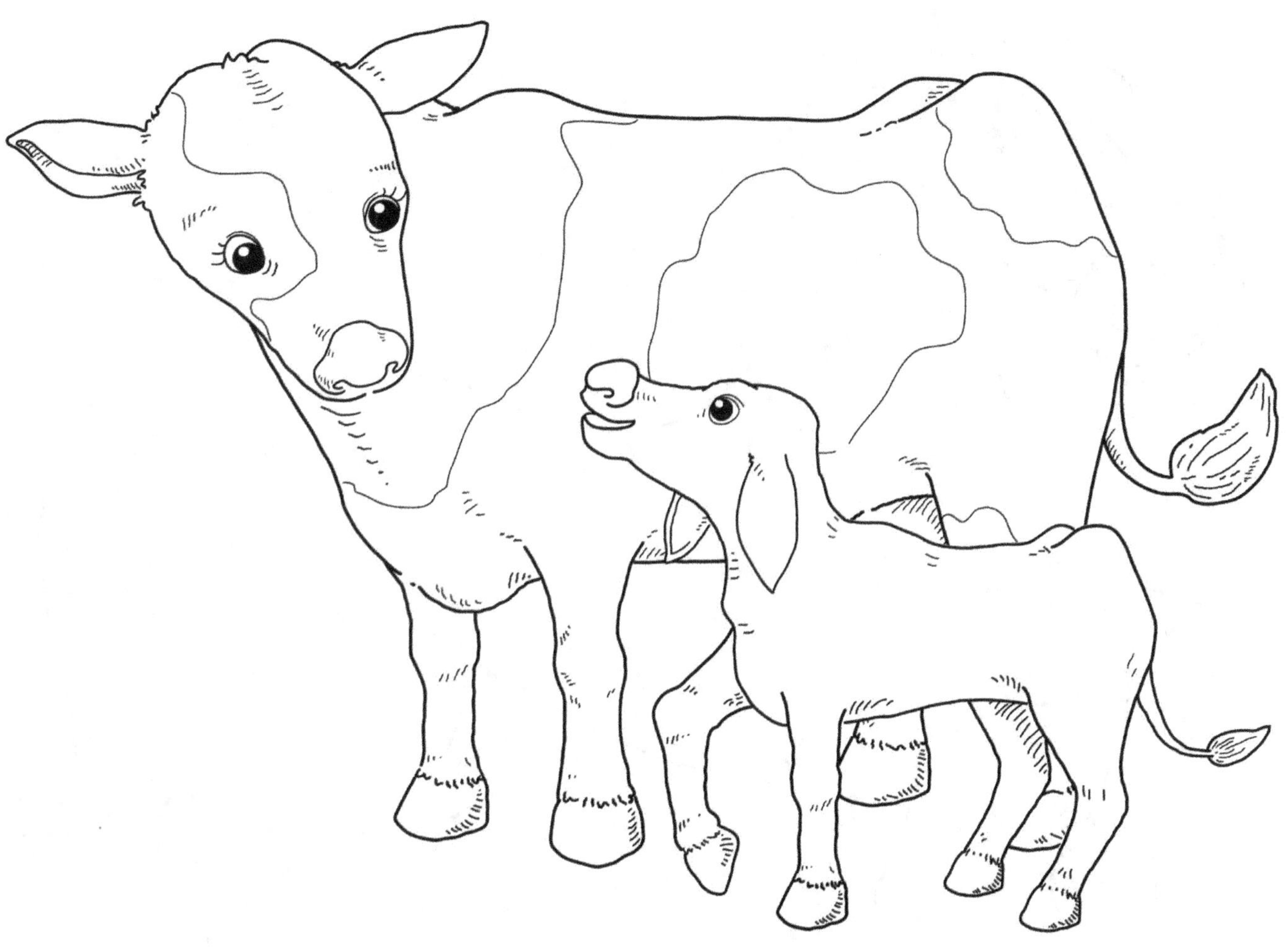

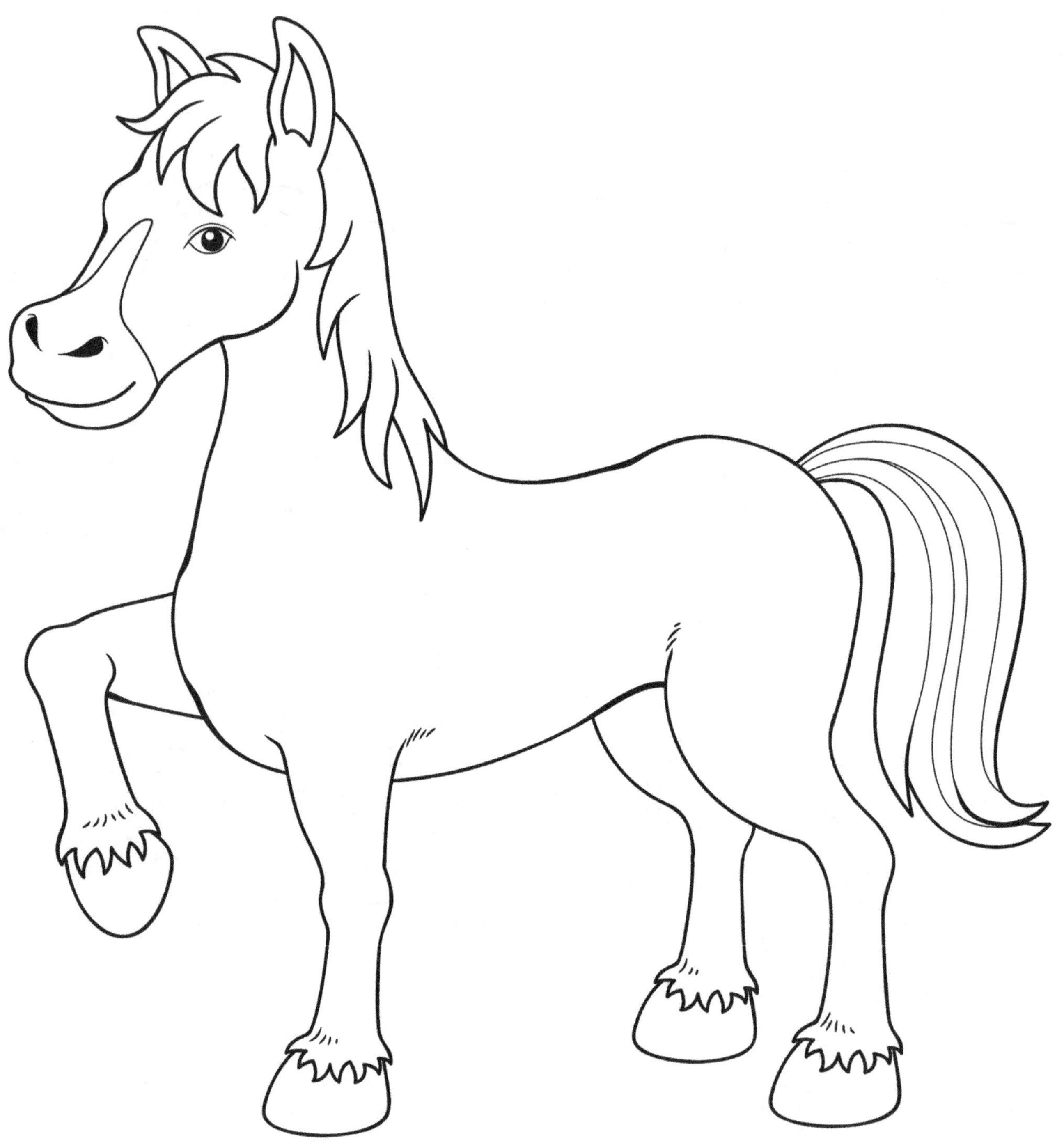

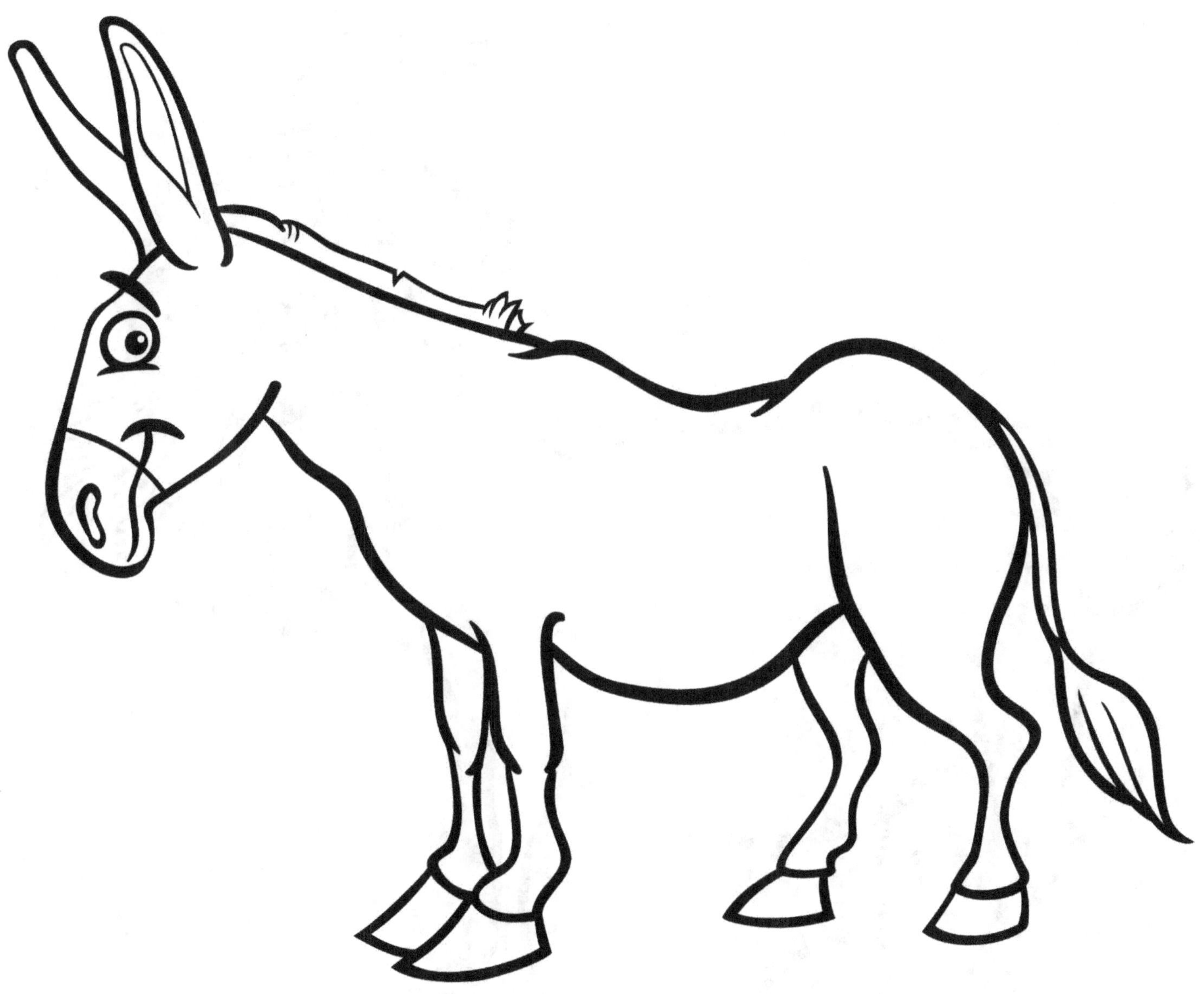

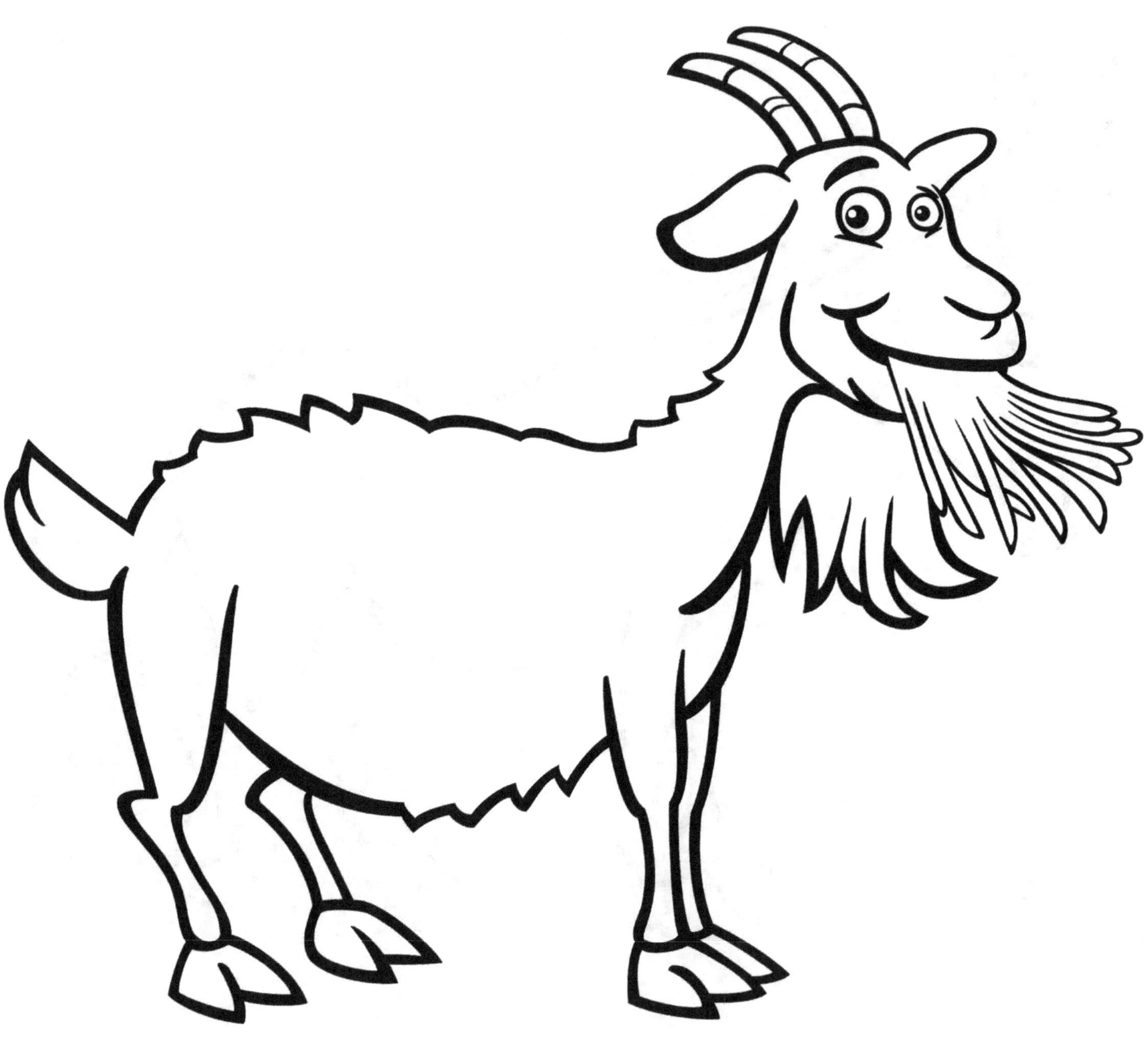

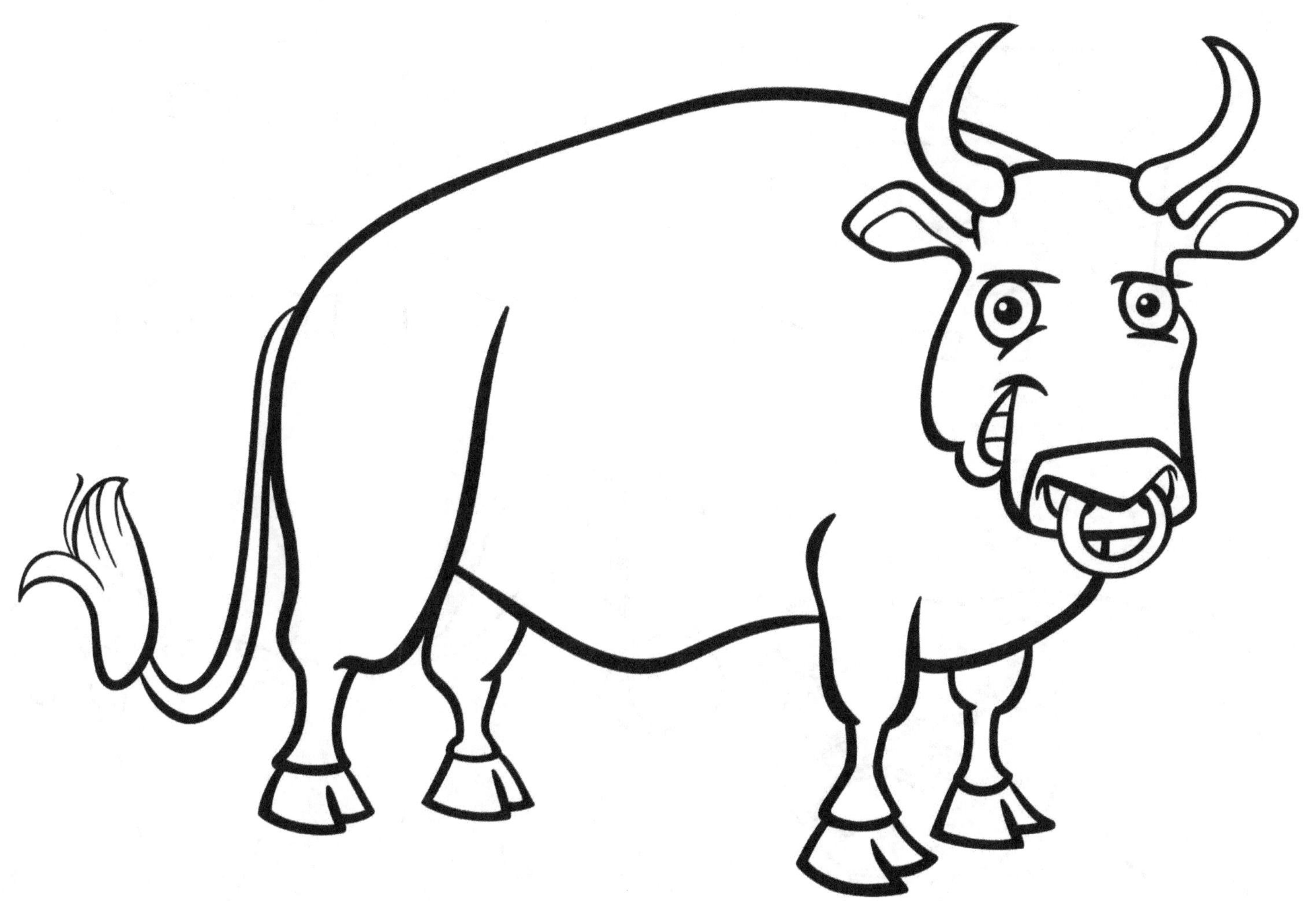

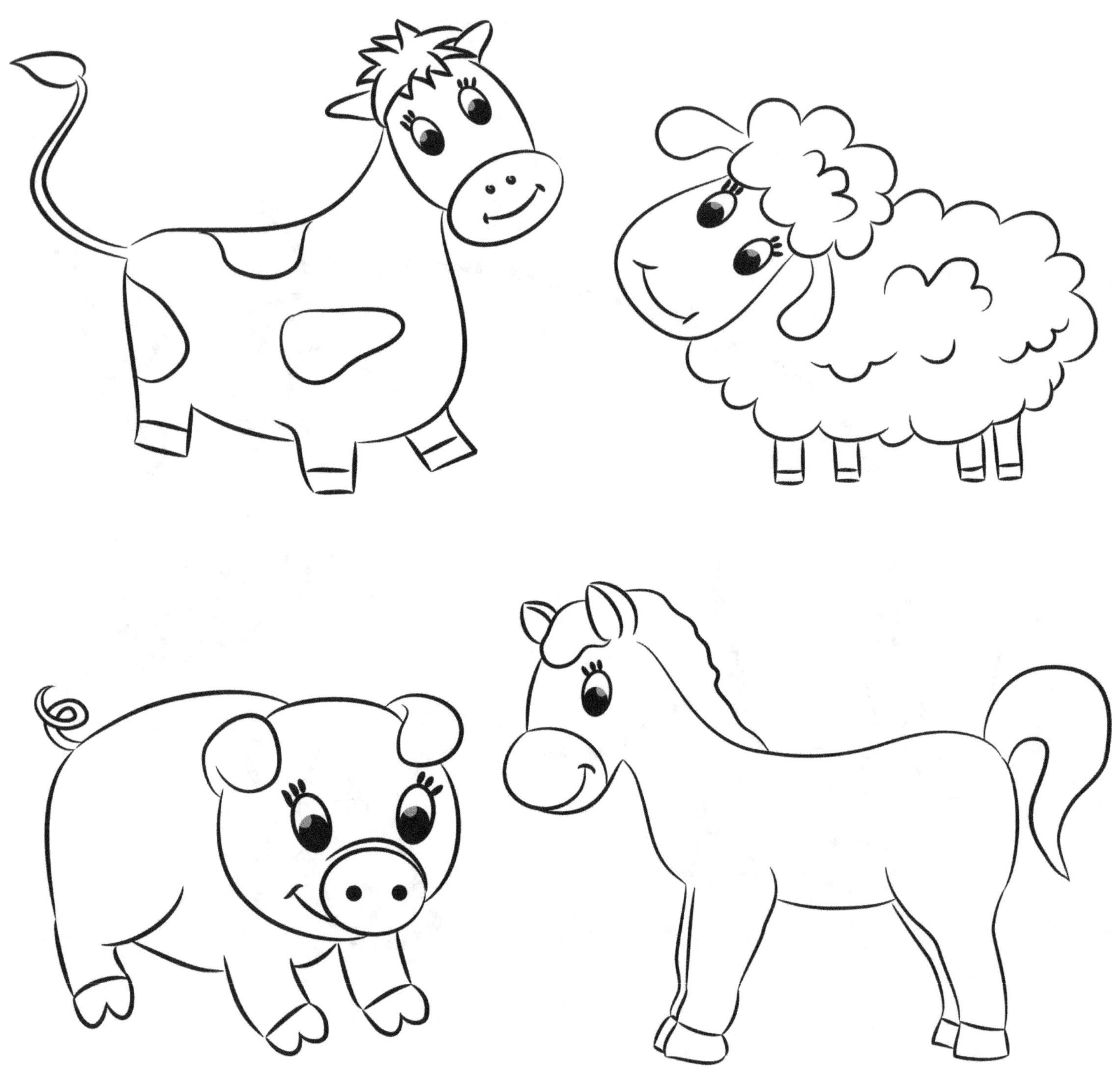

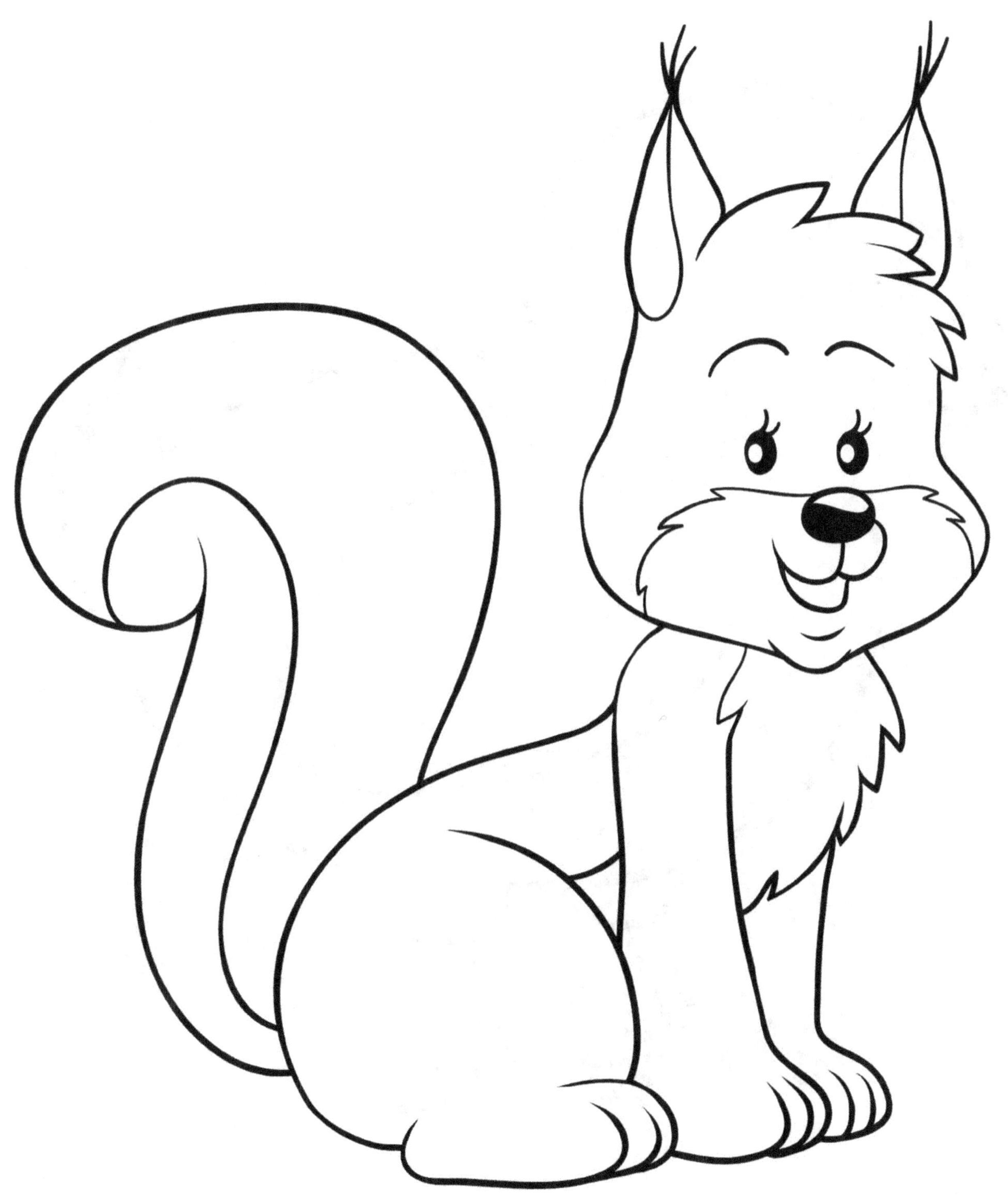

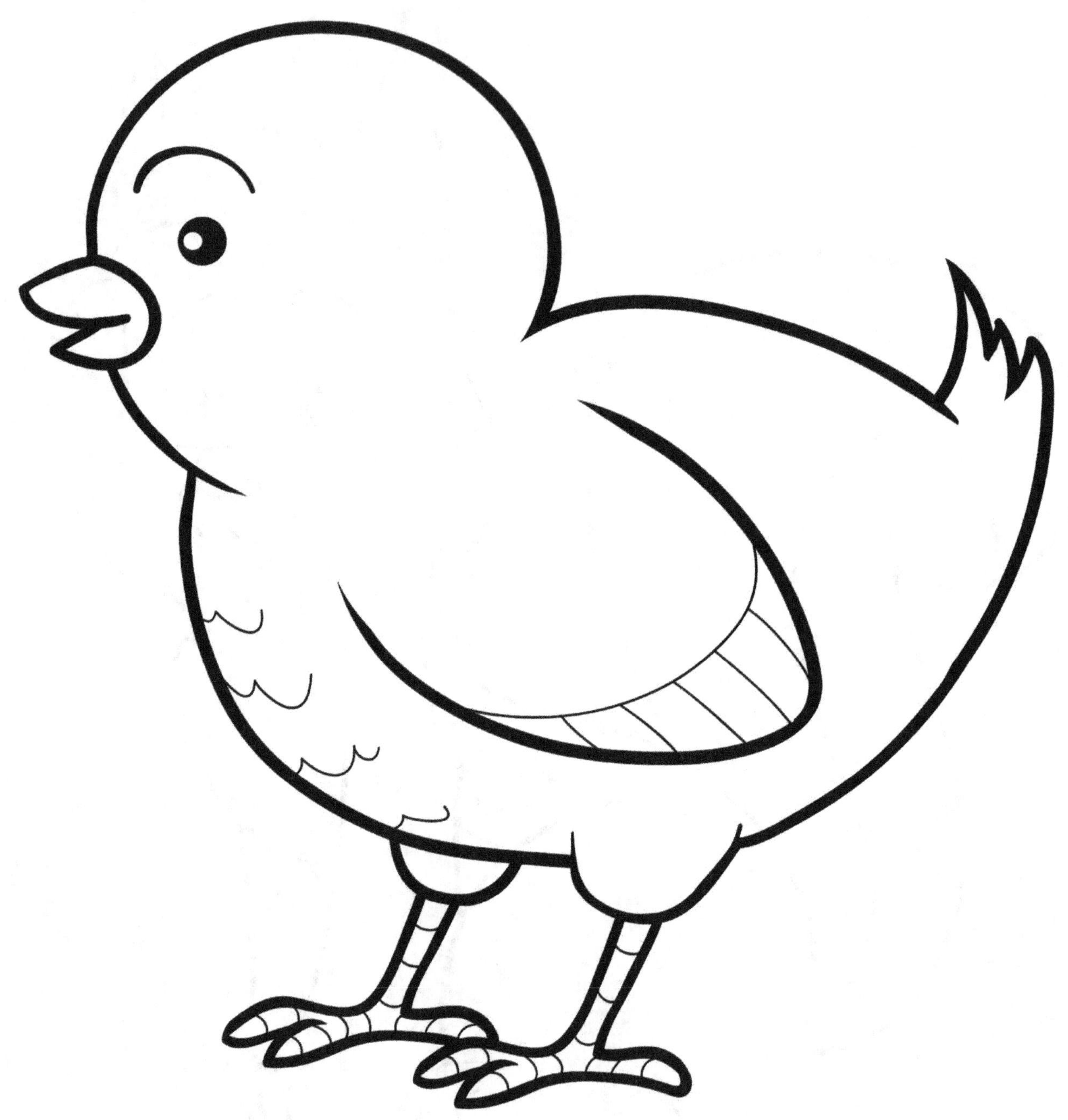

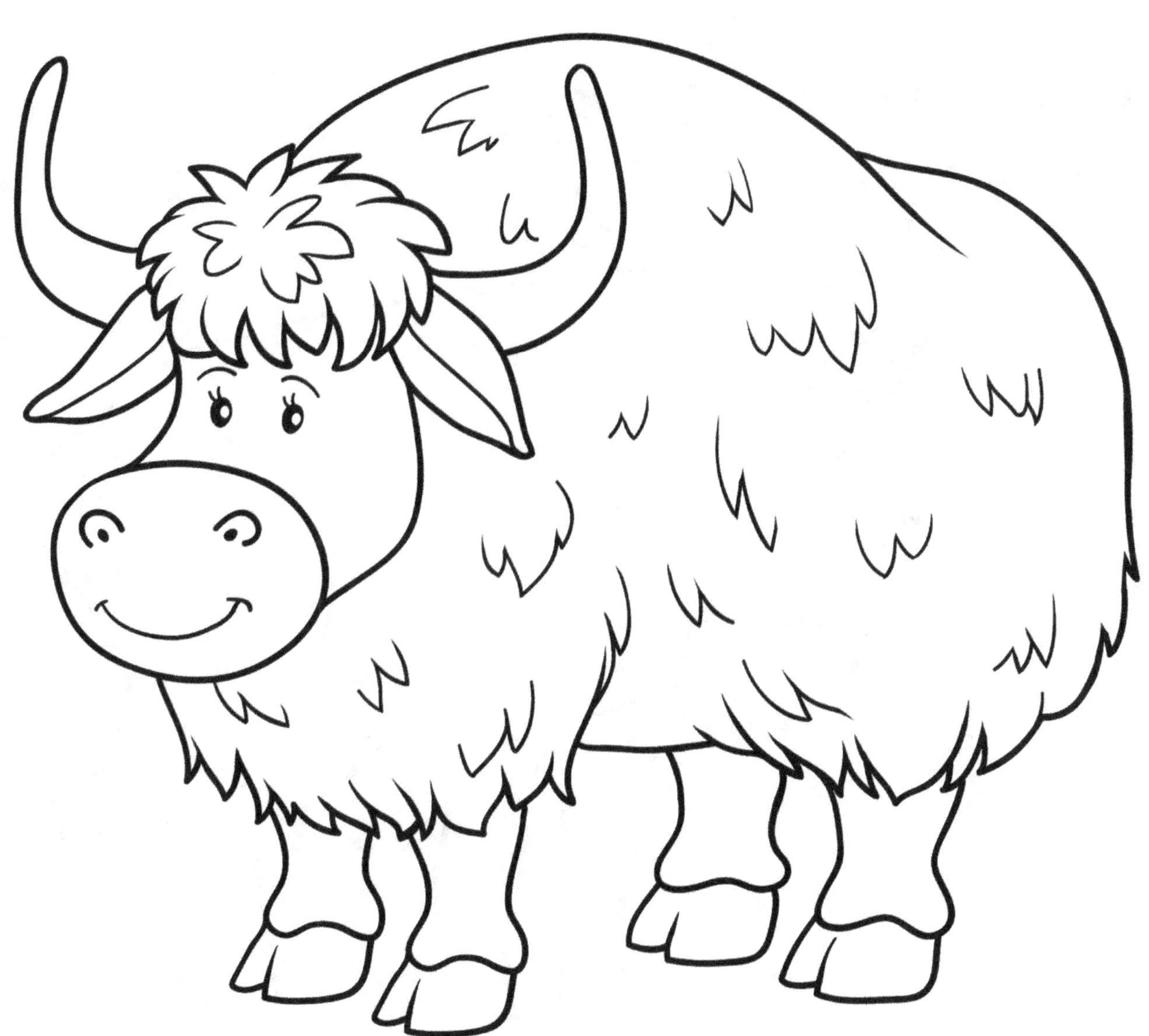

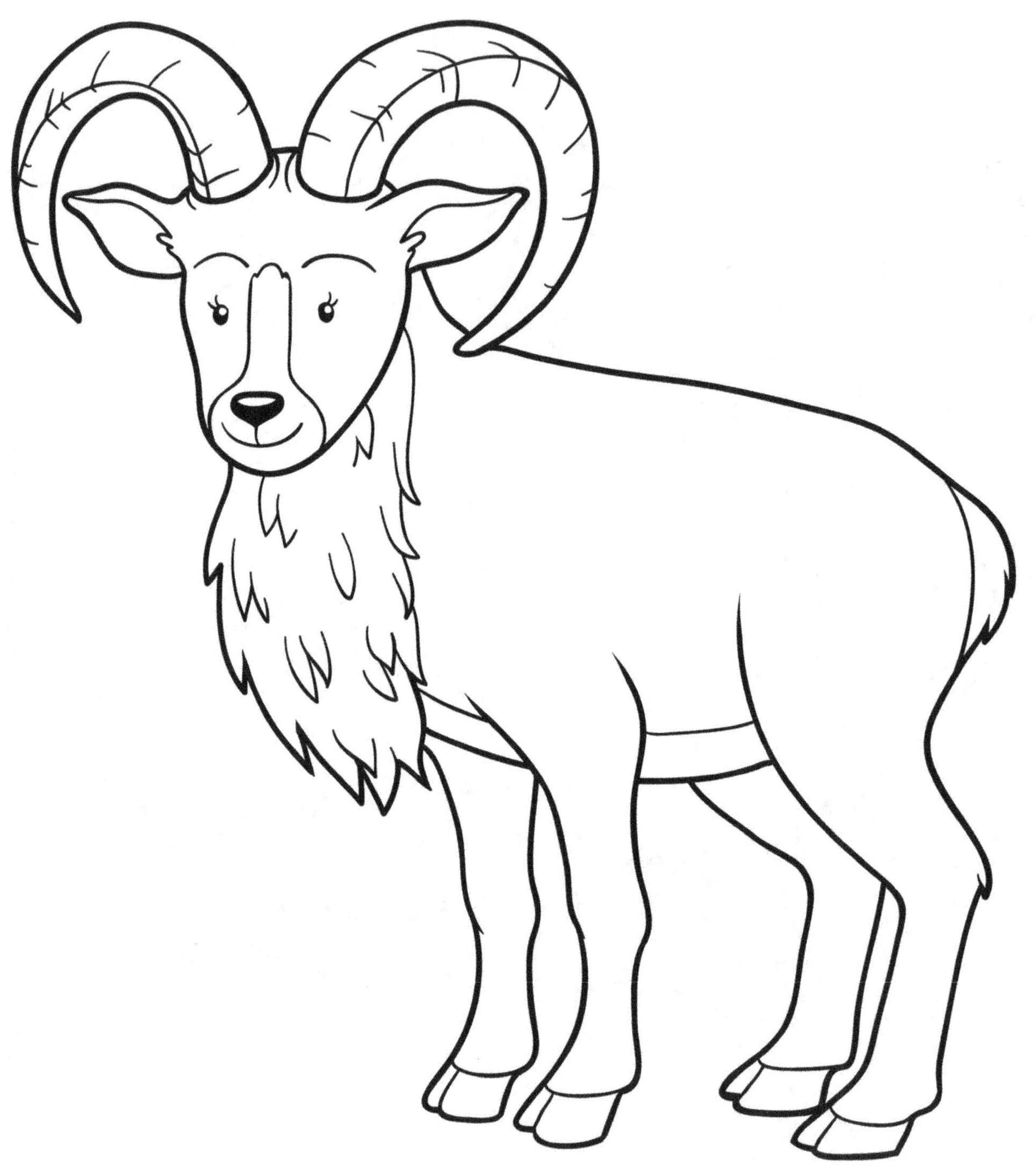

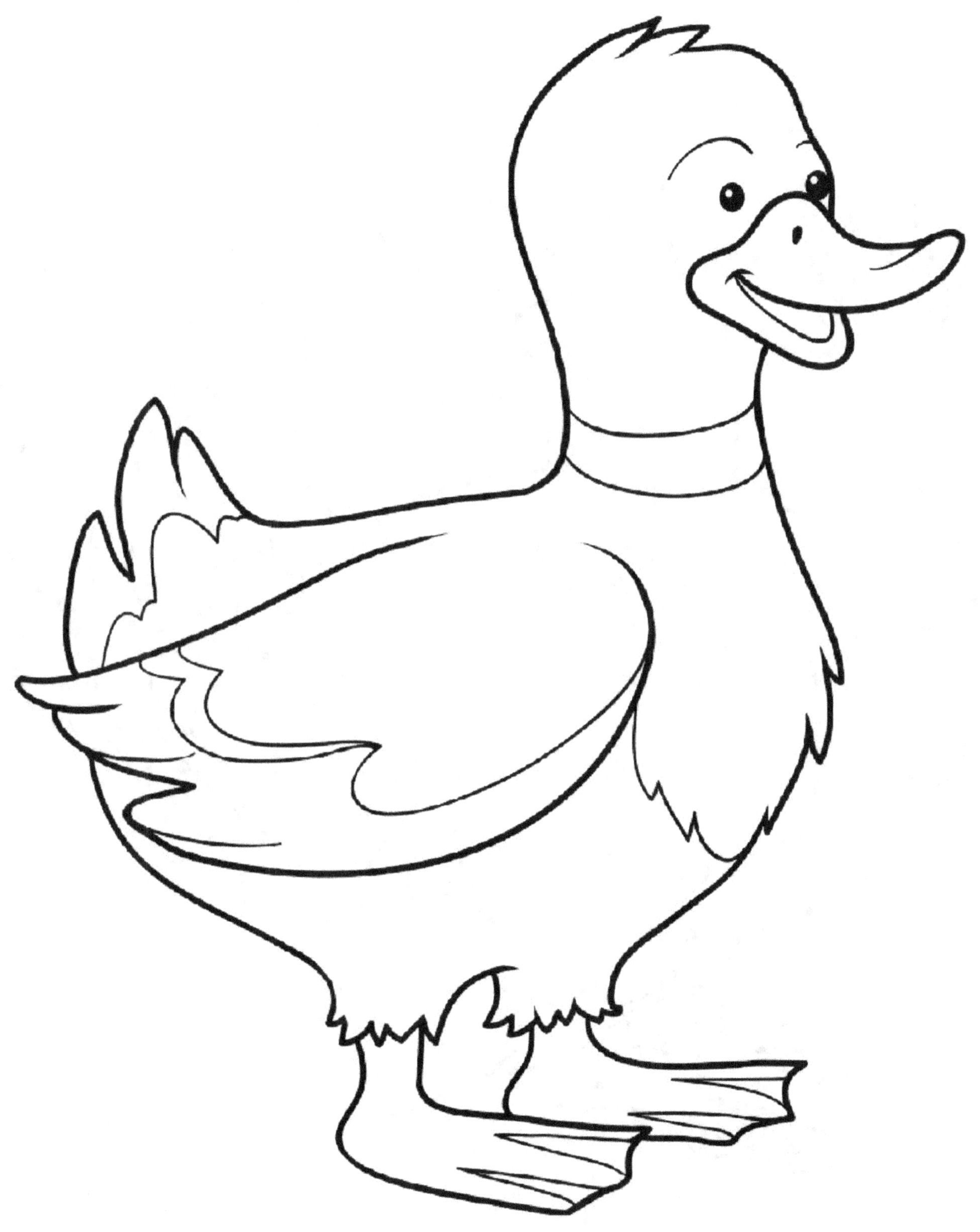

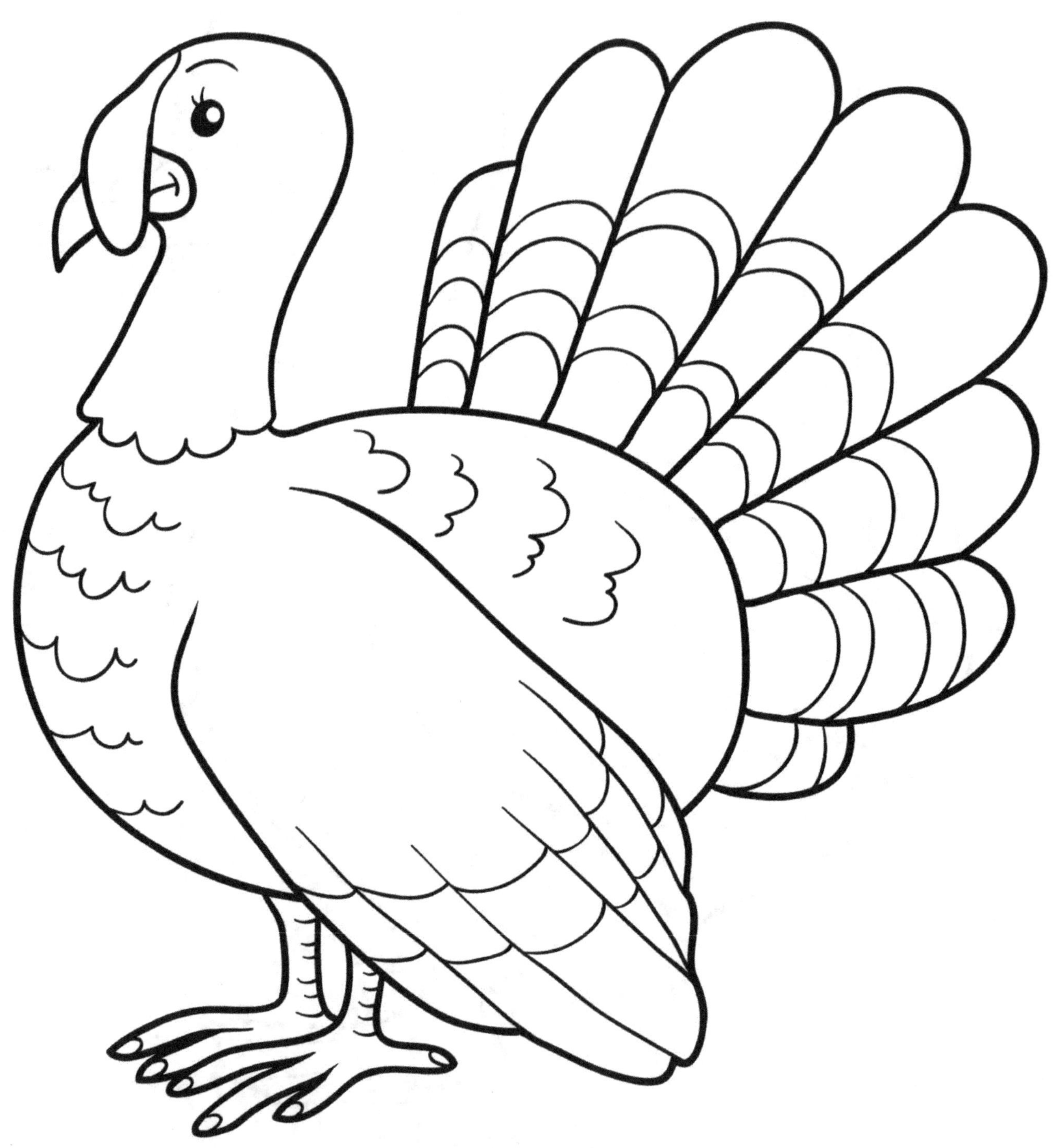

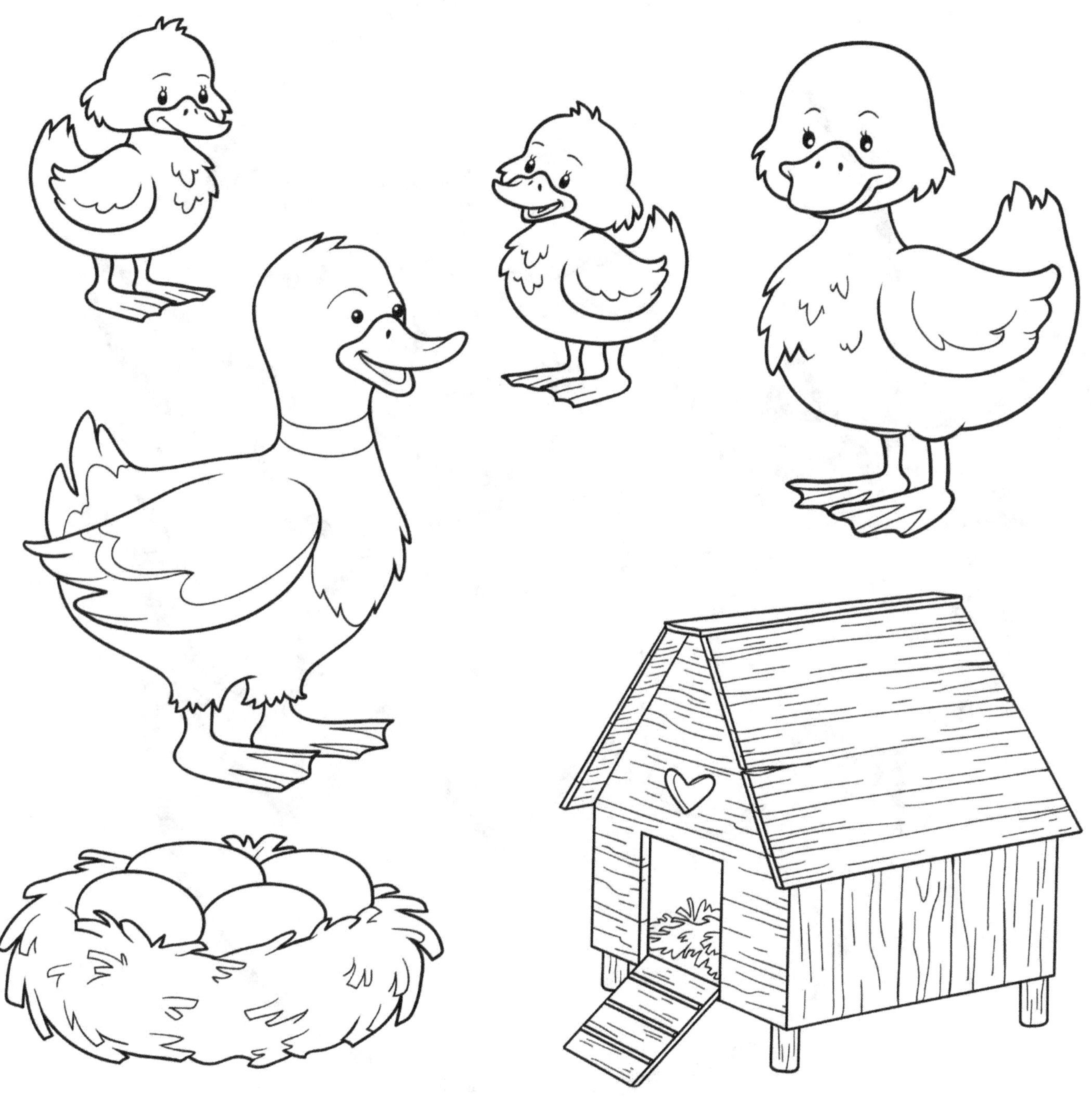

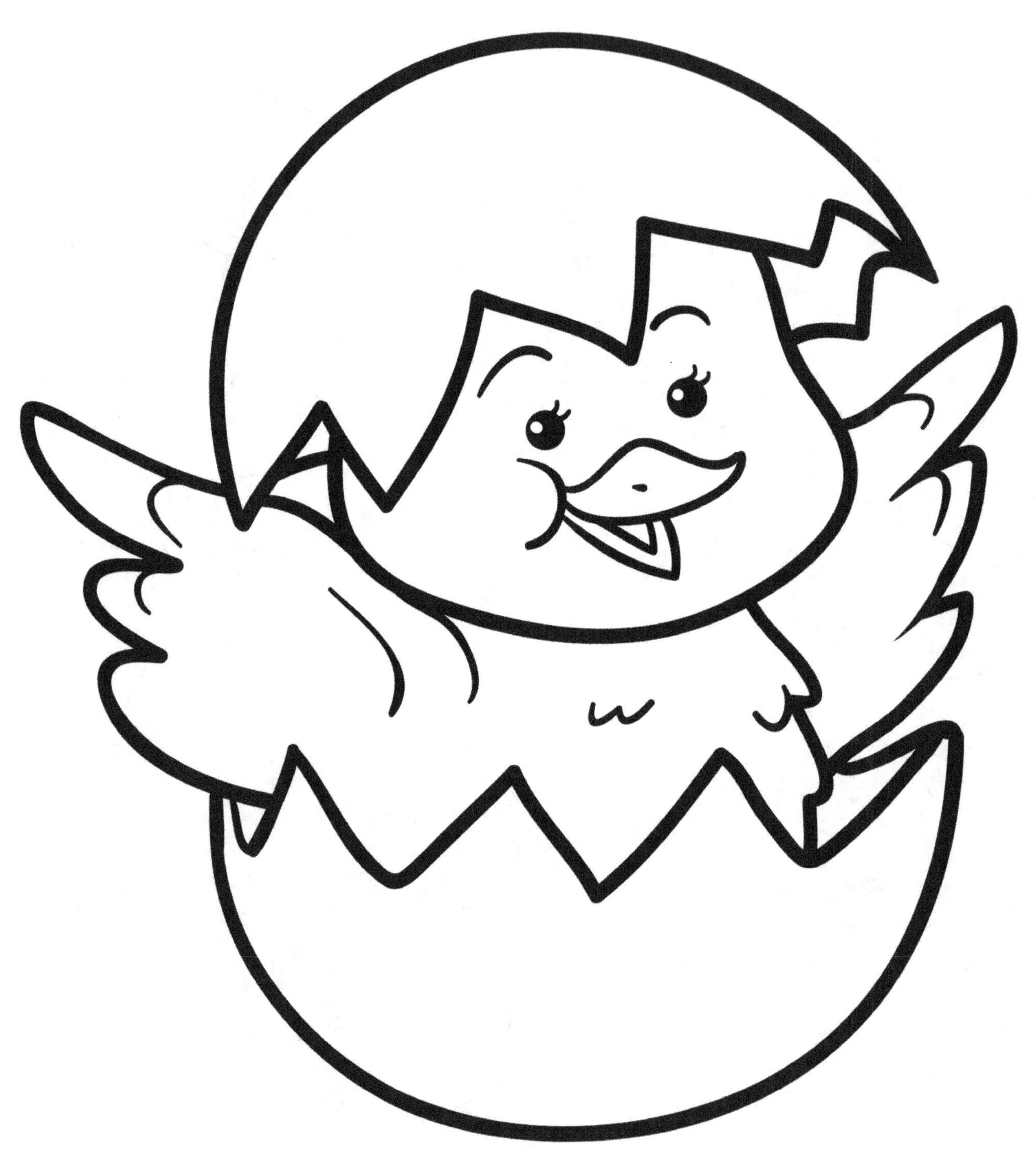

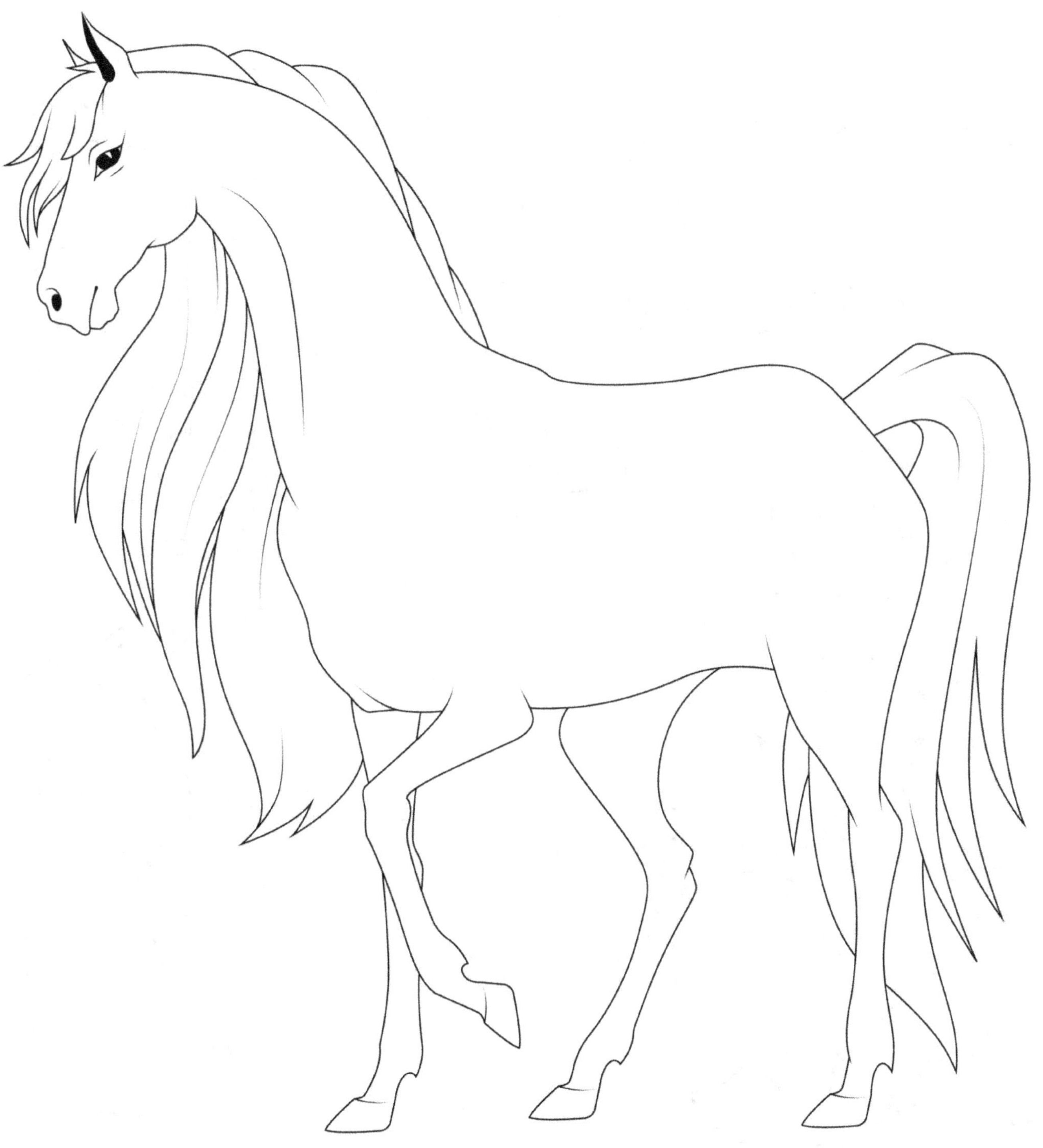

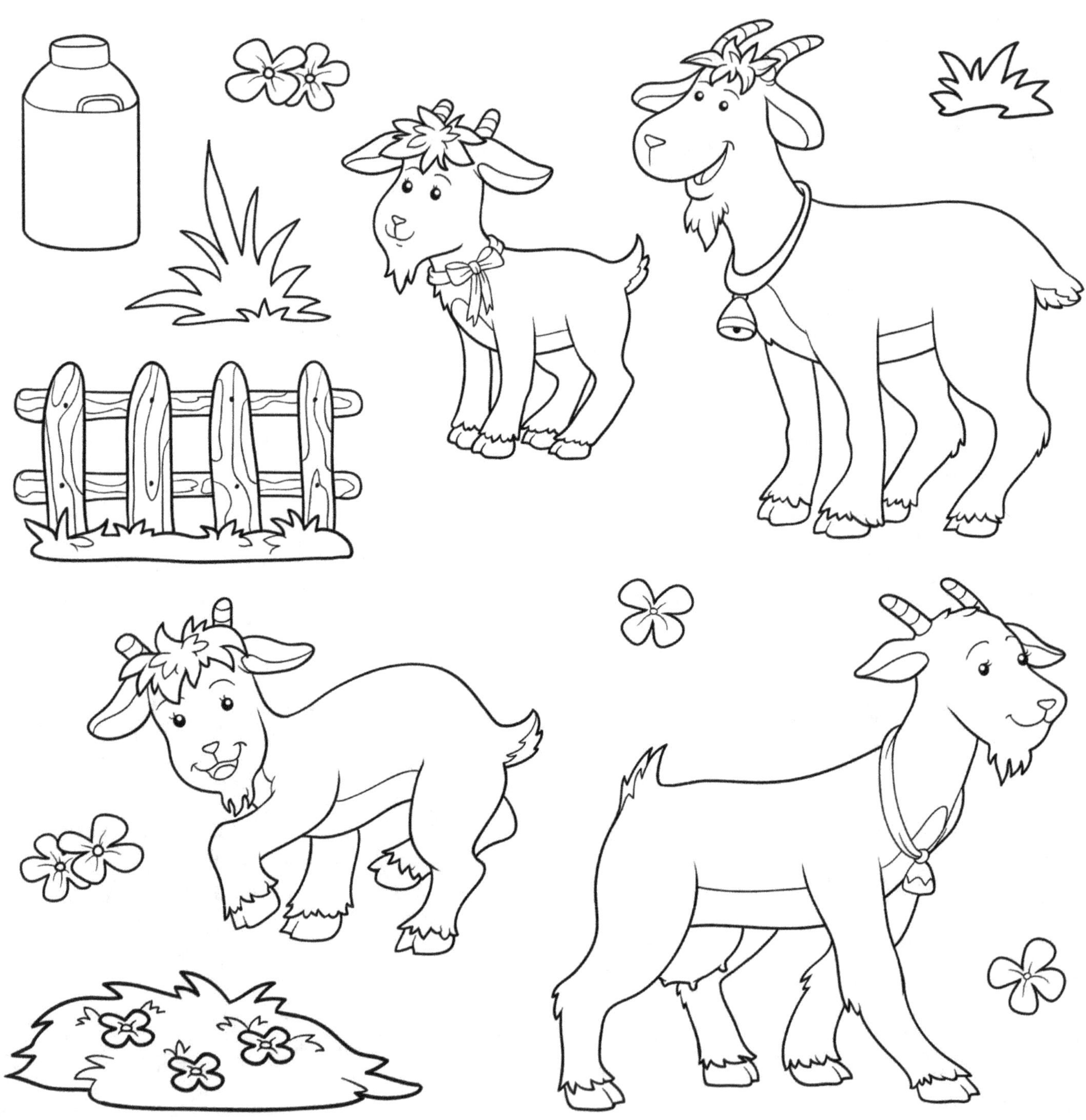

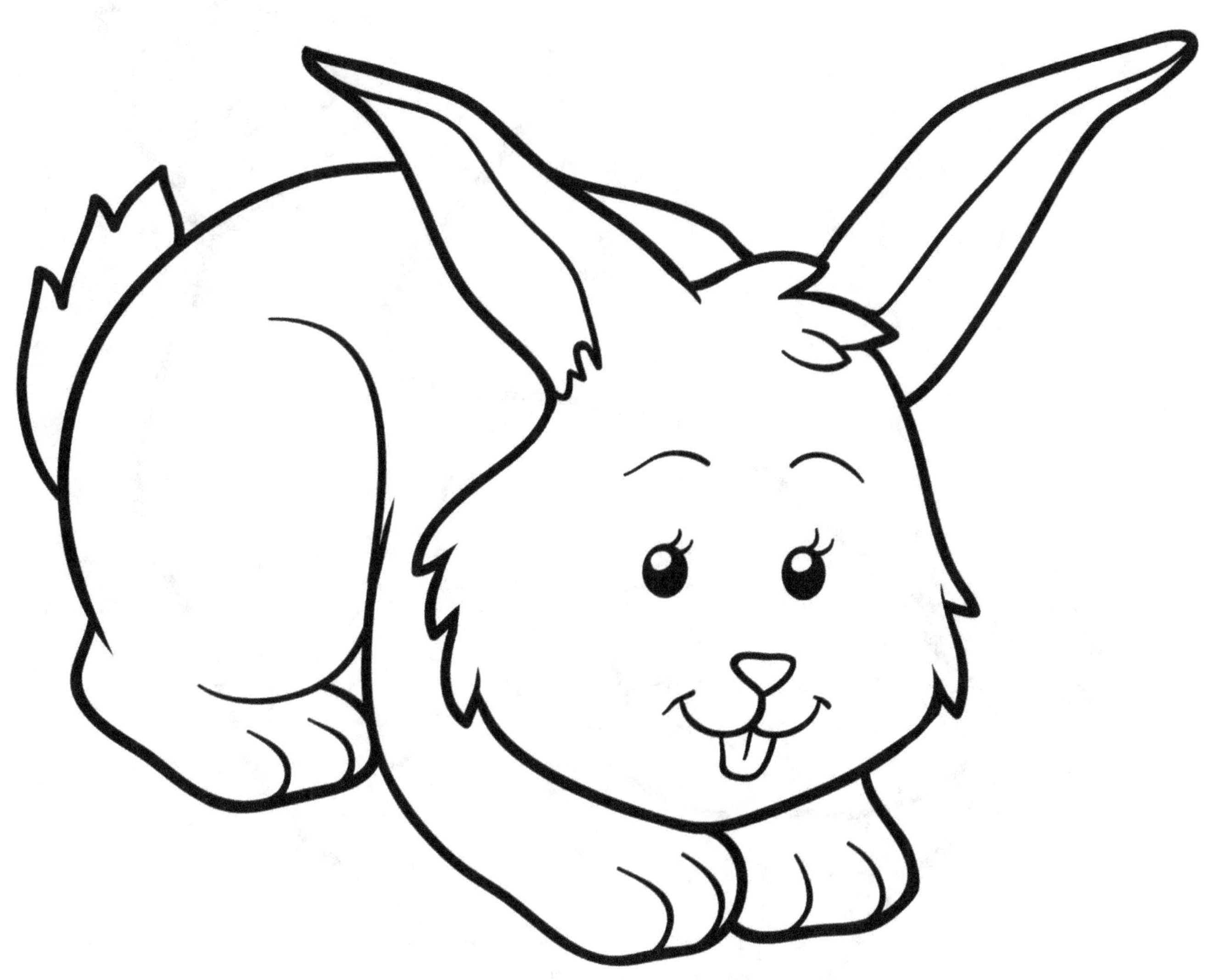

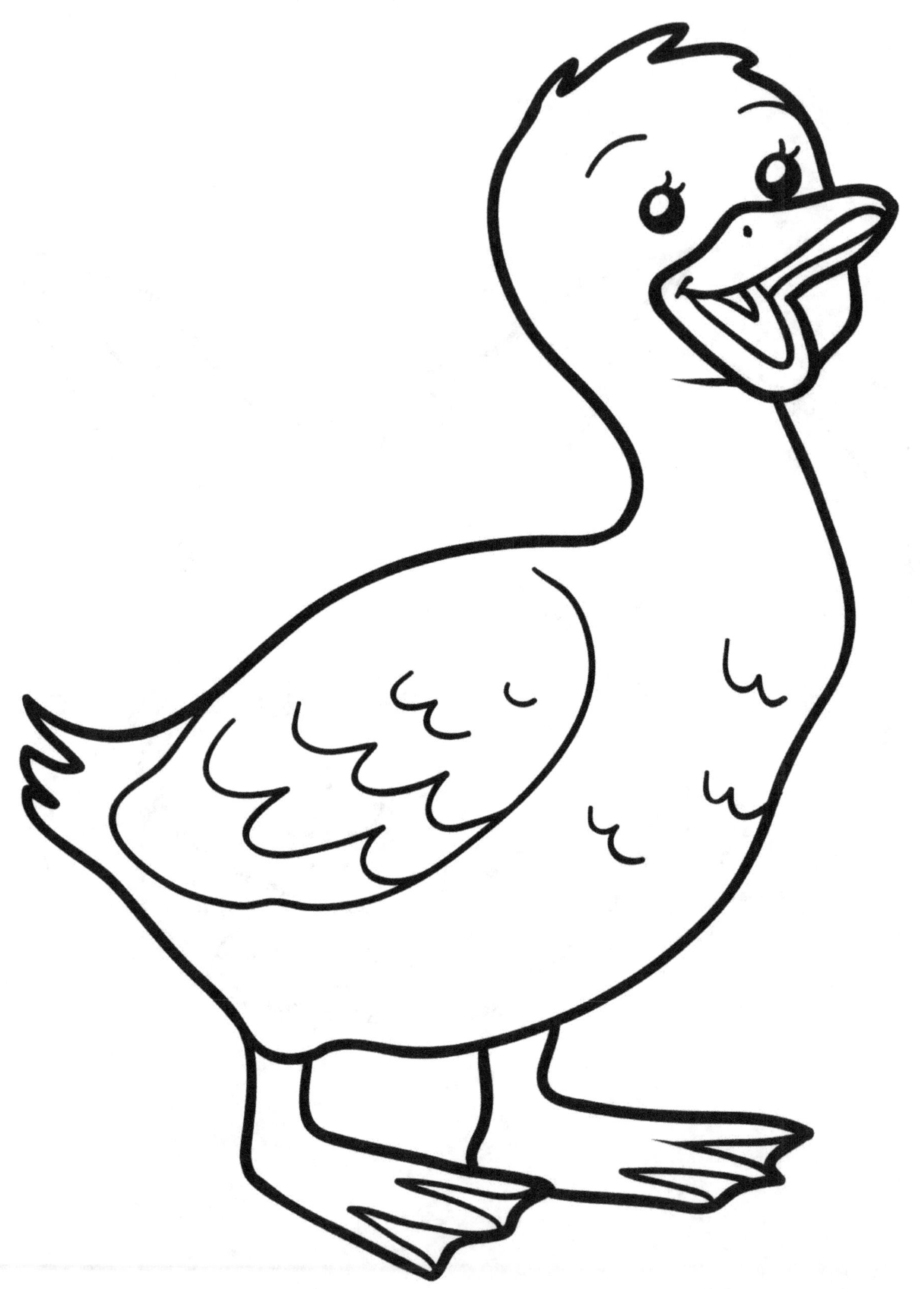

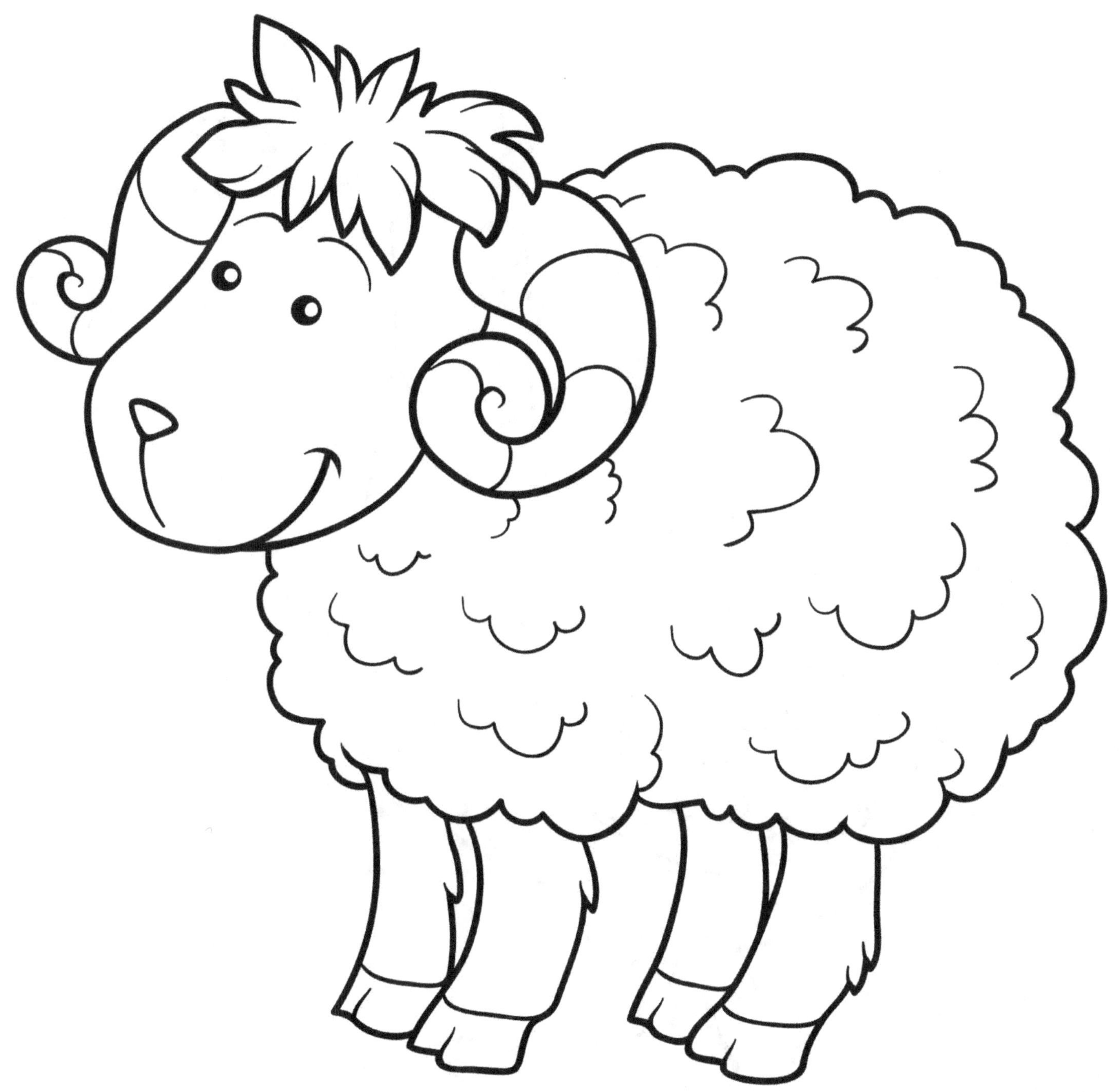

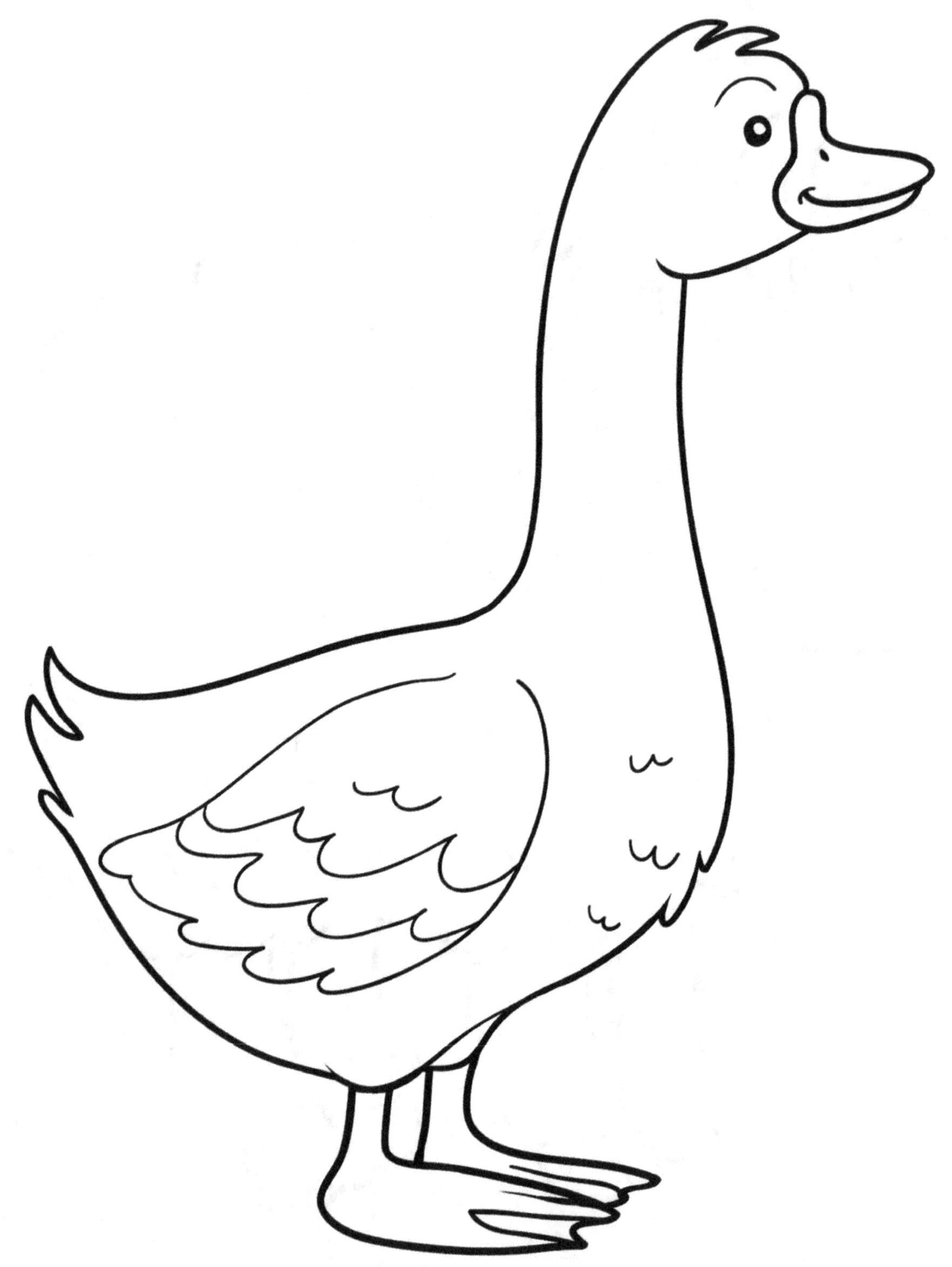

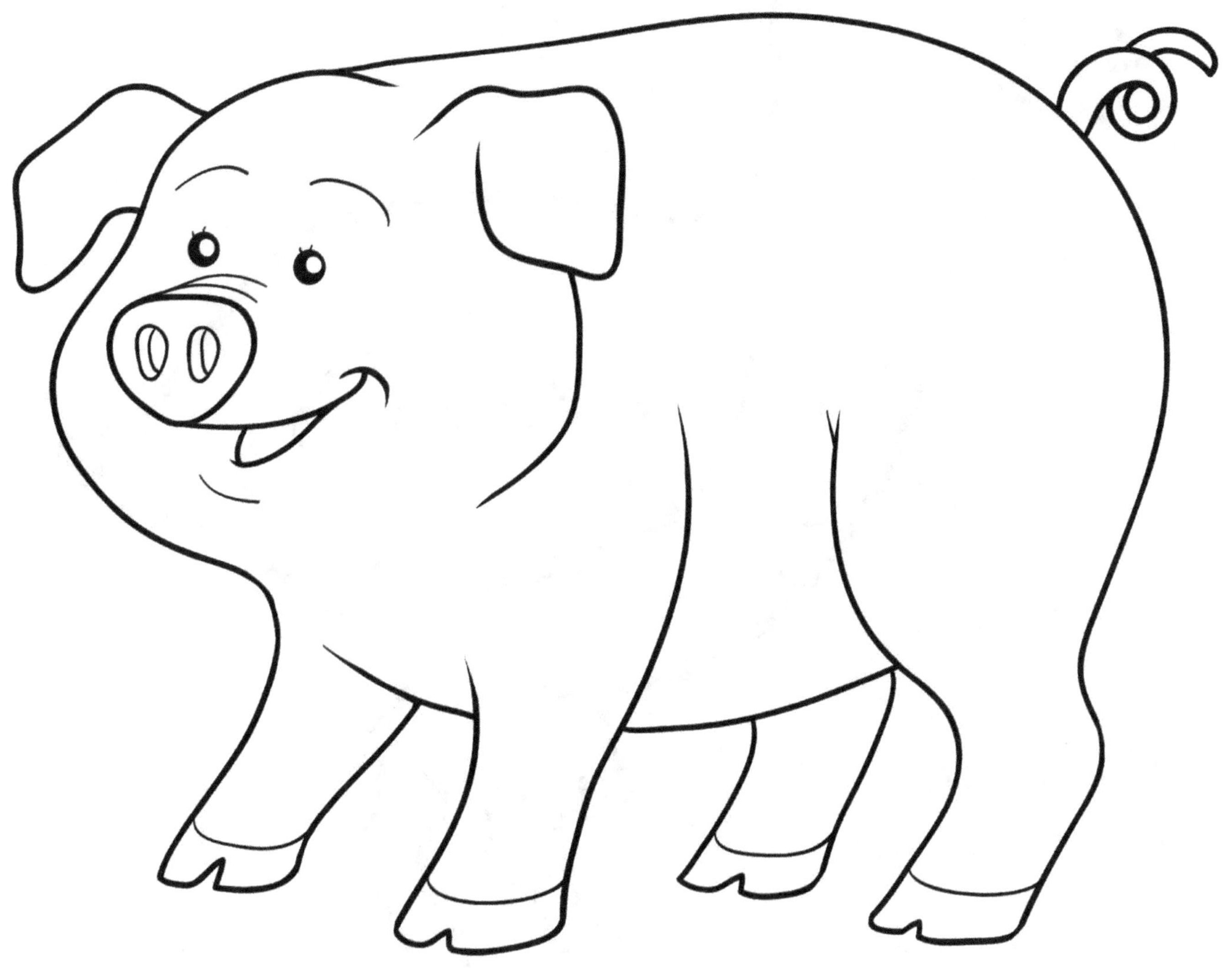

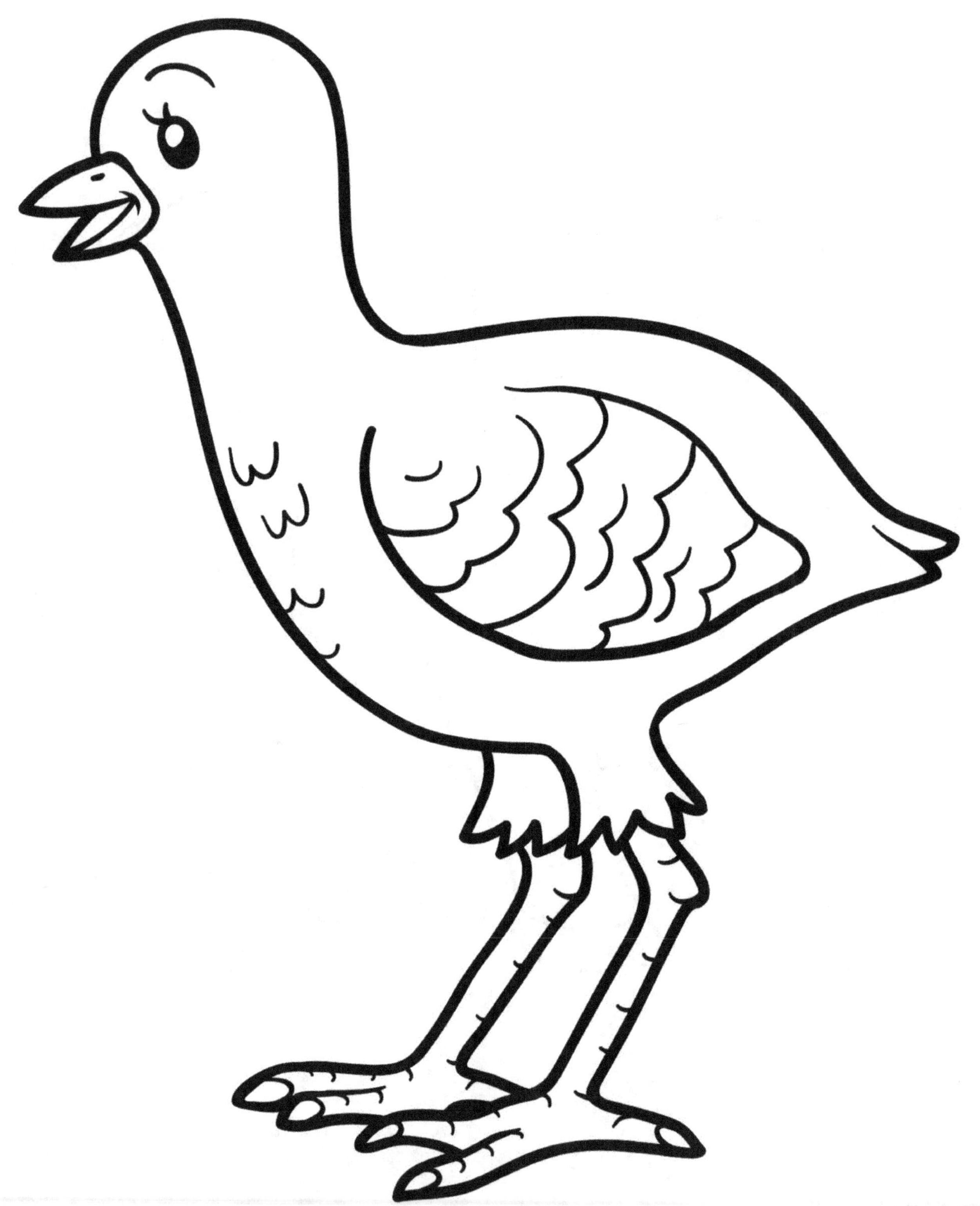

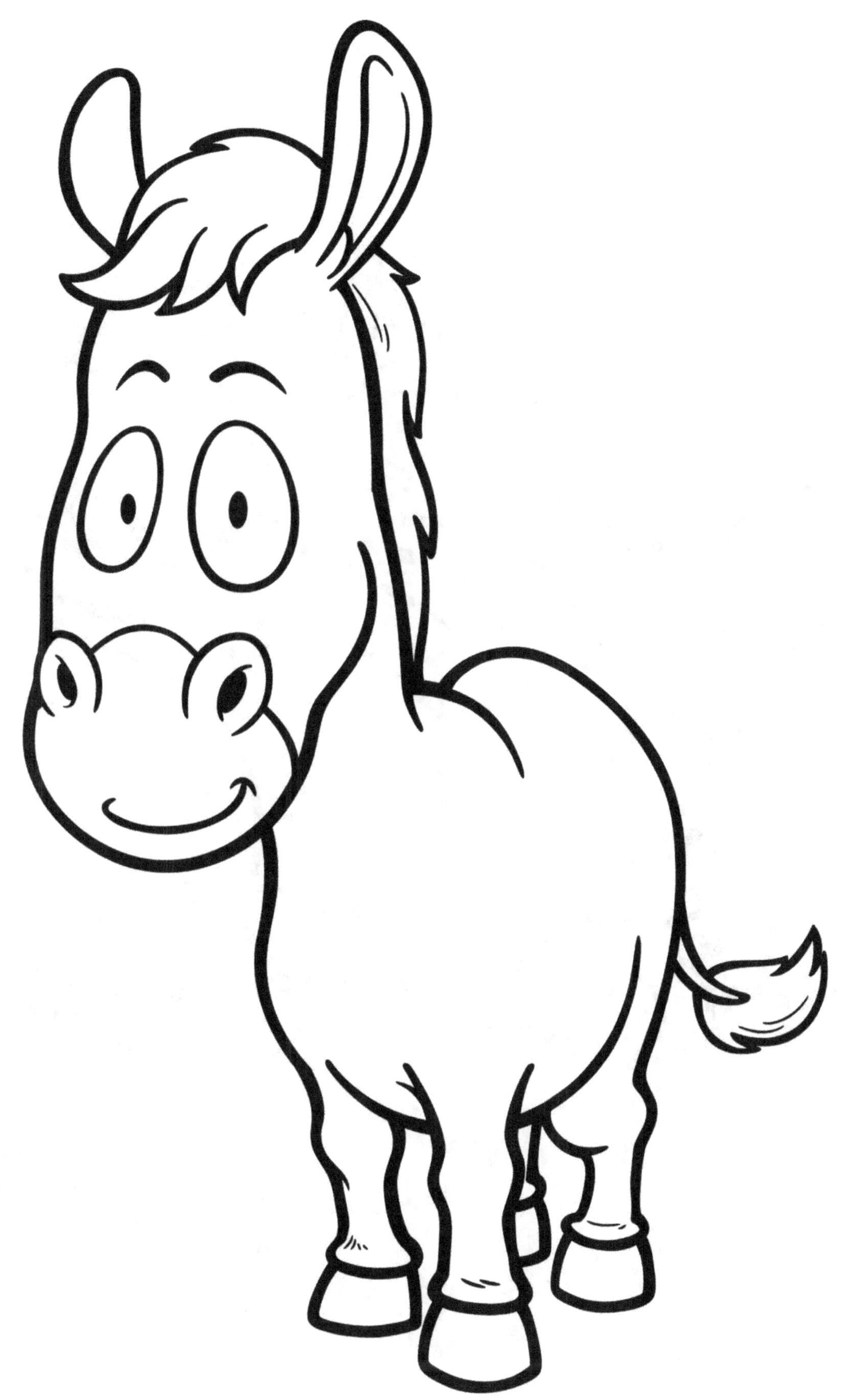

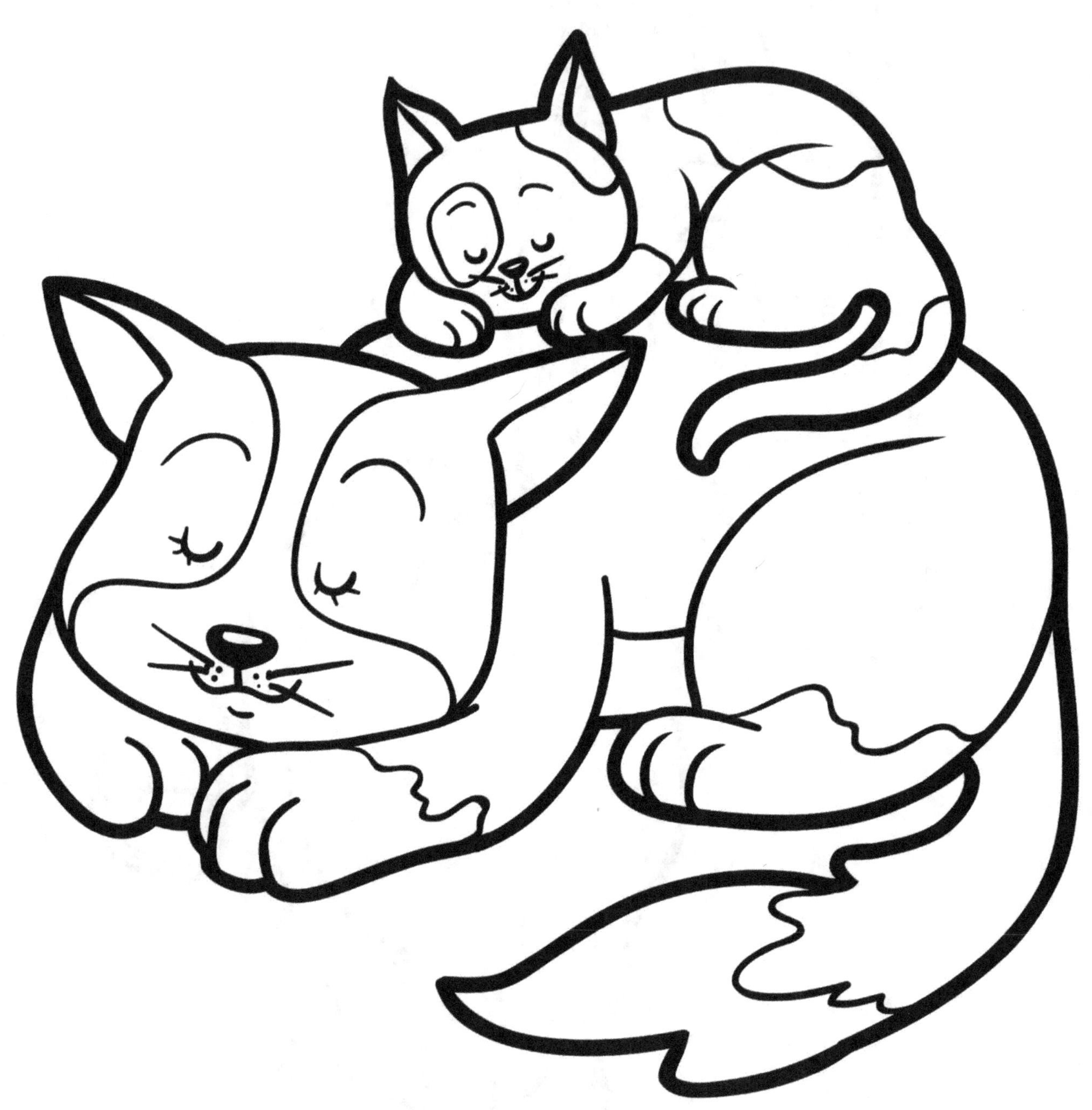

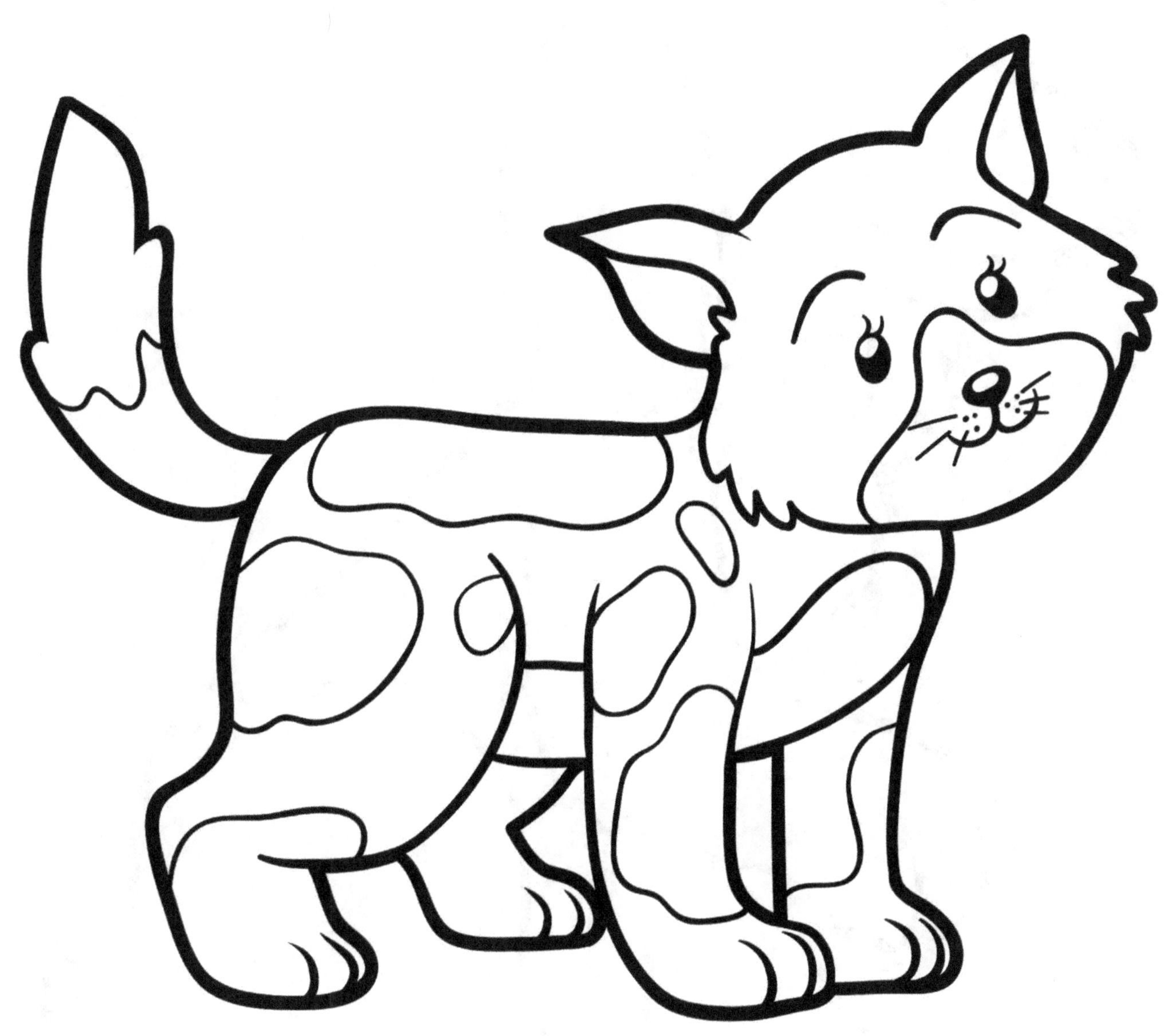

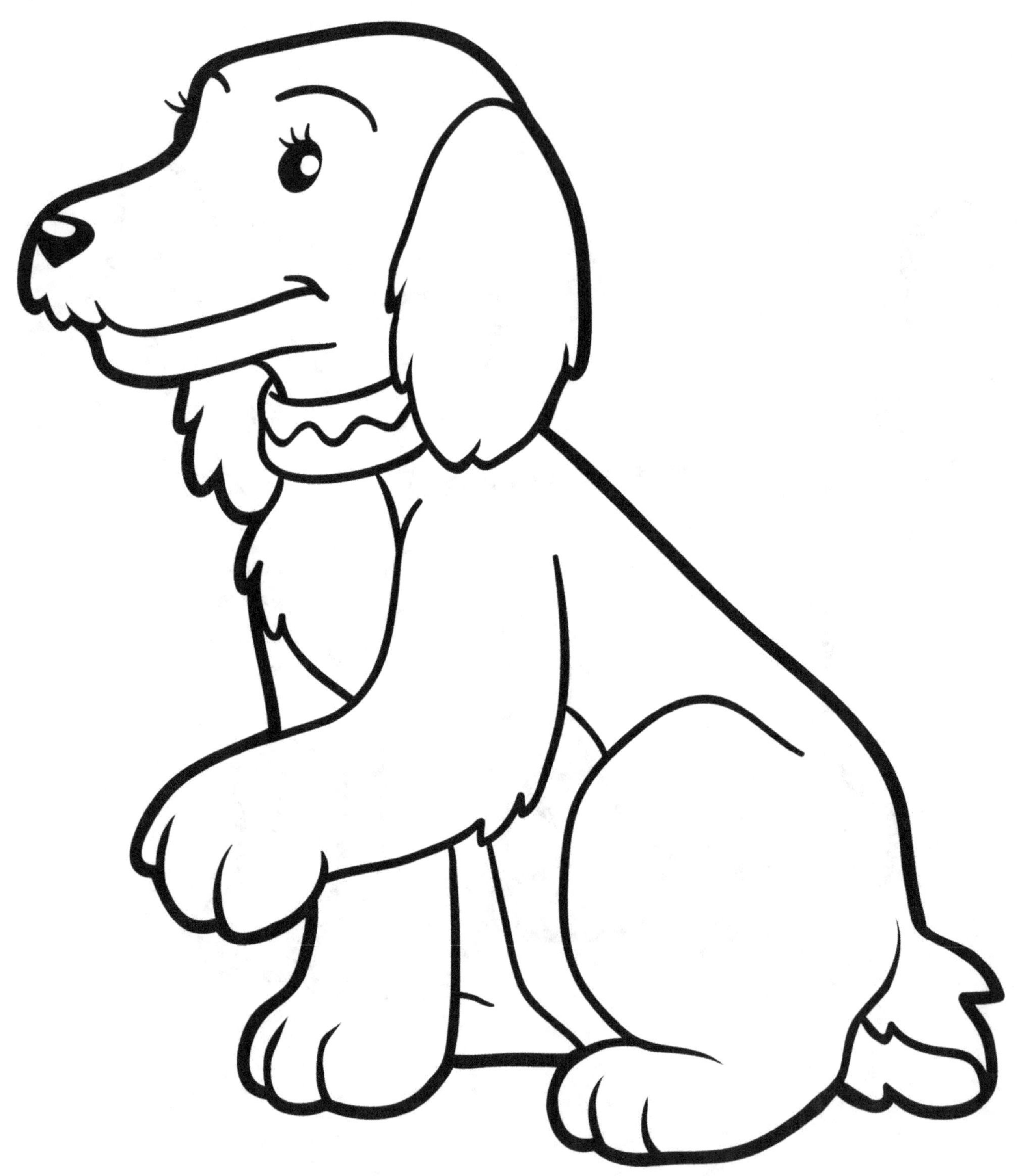

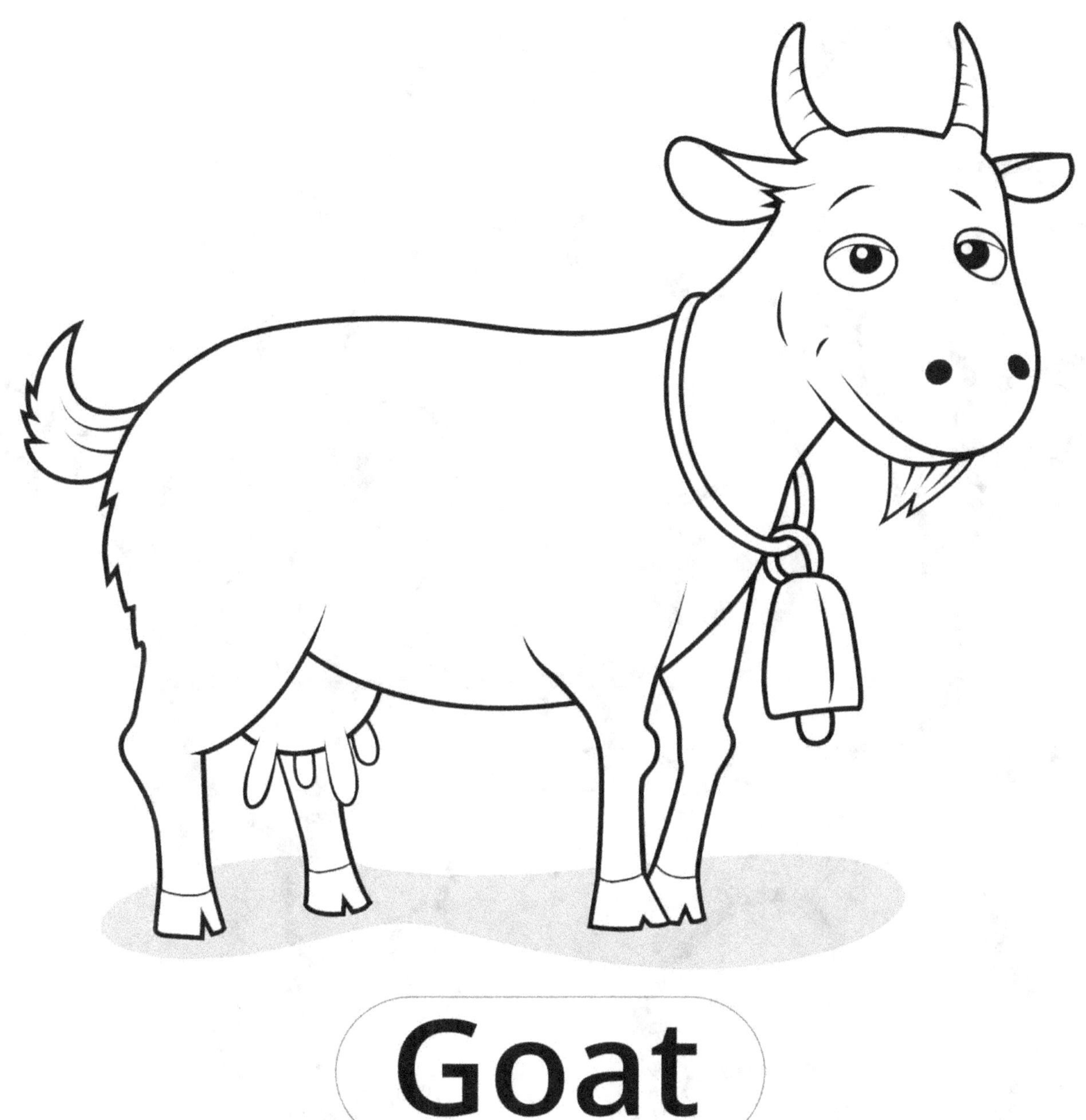

Goat

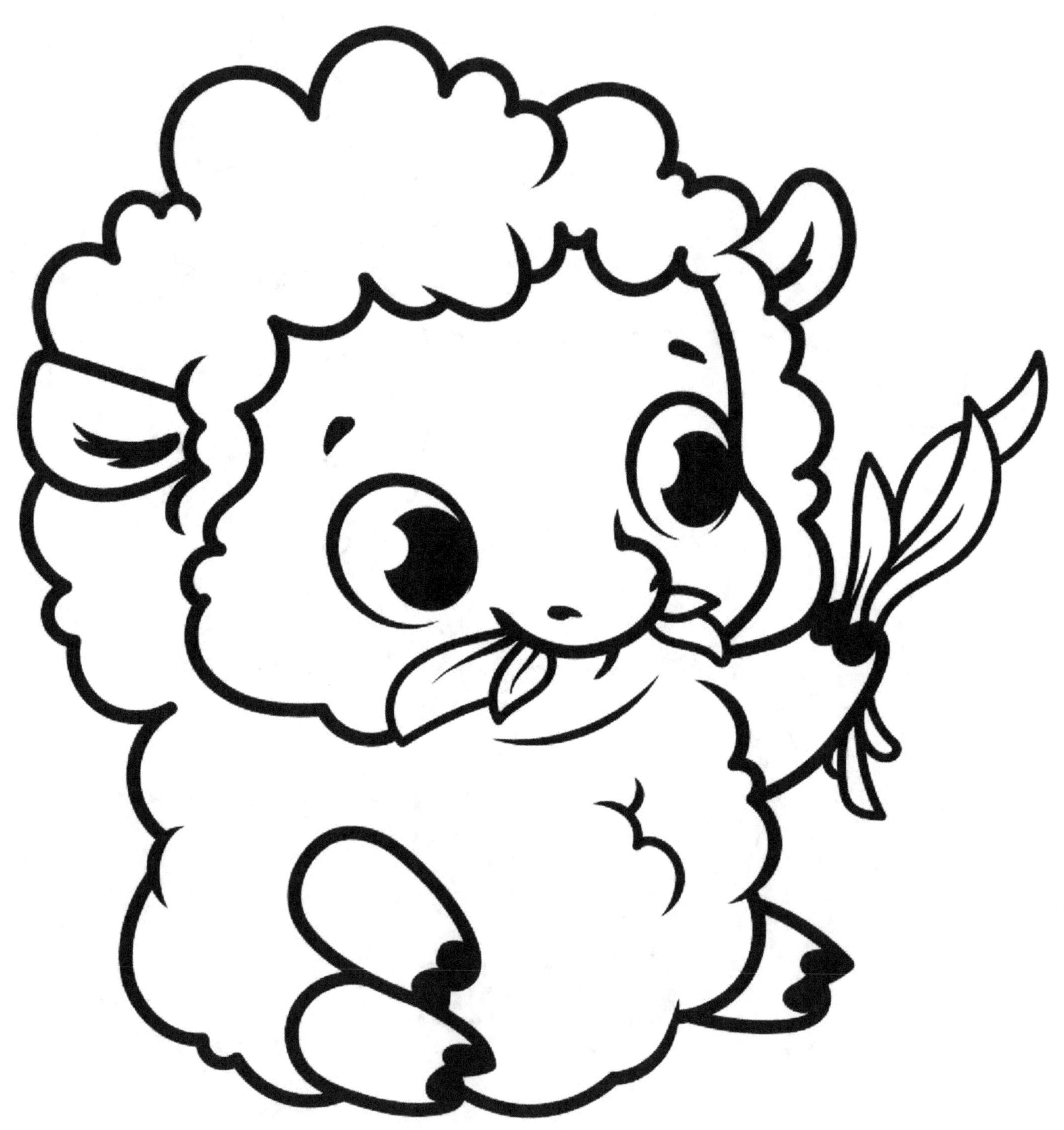